Anton Raphael Mengs

Schreiben an Herrn Anton Pons über Malerei und Kunst überhaupt

Anton Raphael Mengs

Schreiben an Herrn Anton Pons über Malerei und Kunst überhaupt

ISBN/EAN: 9783743677753

Hergestellt in Europa, USA, Kanada, Australien, Japan

Cover: Foto ©Thomas Meinert / pixelio.de

Weitere Bücher finden Sie auf **www.hansebooks.com**

Herrn Anton Raphael Mengs

Schreiben

an

Herrn Anton Pons,

aus dem

Italienischen übersetzt.

Wien,
bey Rudolph Gräffer. 1778.

Sie verlangen mein Urtheil über den Werth der besten Malereyen, welche im königlichen Palaste zu Madrid sich befinden, um es in einem ihrer Werke bekannt zu machen. So groß auch Ihre Achtung für meine Fähigkeit, und meine Begierde, Ihnen zu willfahren, ist, so scheint mir dennoch dieses Unternehmen über meine Kräfte, und viel schwerer zu seyn, als Sie wohl denken; besonders, da es mir an litterarischen Kenntnissen, und an jenen Eigenschaften mangelt, die zur Behandlung so feiner Gegenstände erfodert werden.

Sie wissen es am besten, daß nicht alle Malereyen meinen Augen so schön, als anderen erscheinen können; wiewohl meine Achtung für die Werke großer Männer weit lebhafter ist, als sie bey dem großen Haufen der Kunstliebhaber zu seyn pflegt; aber mit dem Unterschiede, daß uns diese eine ungeheure Menge fürtrefflicher Maler aufzeigen, aus keinem andern Grunde, als dem Vergnügen, womit sie ihre Werke betrachten; indessen ich nur eine mäßige Anzahl finde, weil ich mich auf die wenigen einschränke, die den achtungswürdigen Namen großer Männer verdienen.

Dem ungeachtet ist es gewiß, daß alle Menschen einen gemeinschaftlichen Beweggrund haben, die Werke schöner Künste zu schätzen: der Gelehrte sowohl, als der Ungelehrte sieht, ein jeder für sich, mehr oder weniger ein, daß diese Künste durch die Nachahmung bekannter Gegenstände Vergnügen schaffen müssen: dem zufolge hält er nach dem Maaße seiner Einsichten

alle

alle Werke für gut, welche diese Eigenschaft haben. Sind sie nur ganz mittelmäßig, so ist es ein Zeichen, daß der, welcher sie hochschätzt, entweder die Fehler nicht leicht entdecket, oder gemeiniglich sie der Anmerkung nicht würdig hält. Fühlt er wegen der Mannigfaltigkeit angenehmer, und leicht zu begreifender Gegenstände beym Anblicke eines Werkes Vergnügen, so heißt er es im hohen Grade gut. Sind aber die Ursachen mehr verwickelt, doch so, daß die faßlichsten ihn zur Erkenntniß der verborgenen leiten, so wacht in ihm die Lust zu errathen auf, er spannt seinen Verstand höher, schmeichelt seiner Eigenliebe, und erhebt, gleichsam aus Dankbarkeit, dergleichen Werke mehr, oder weniger, nachdem die Gegenstände mit seiner natürlichen, oder angewohnten Gemüthsart näher übereinkommen. So giebt der Andächtige, der Freche, der Gelehrte, der Unthätige, der Unwissende, oder der Mann vom Pöbel verschiedenen Gegenständen mit mehr, oder weniger En-

thusiasmus seinen Beyfall. Aber sind Dinge allzu erhaben, und ganz außer dem Kreise unsers Verstandes, so empfinden wir entweder gar kein Vergnügen, oder es ist nur sehr gering.

Daraus können Sie nun schließen, wie verschieden die Meinungen über die Werke der Malerey seyn müssen, und welcher Gefahr ich mich bloß gebe, wenn ich es wage, mein Urtheil frey heraus zu sagen; denn jedermann beharret fest auf seiner Meinung über Gegenstände, die er gut heißt, und findet sich insgemein beleidiget, wenn ein anderer gering schätzt, was er erhebt, nicht so viel aus Neigung zur Sache selbst, als aus Eigenliebe. Niemand will in Sachen des Verstandes übertroffen seyn, und reichen die Kräfte nicht hin, Gründe zu widerlegen, so greift man nach dem gewöhnlichen Mittel, diejenigen, welche die Wahrheit sagen, böse Zungen, und tadelsüchtige Leute zu nennen, denen man nie etwas nach ihrem Gefallen machen kann. Es ist oft ein Unglück, fremde

Fehler

Fehler zu kennen; allezeit aber die größte Unbedachtsamkeit, sie ohne Noth aufzudecken.

Weil ich indessen wenigstens zum Theile, Ihnen willfahren muß, so will ich als Maler reden, dem alle die Schwierigkeiten der Kunst, und selbst die Unmöglichkeit bekannt ist, sich dieselbe ohne einen Mangel eigen zu machen: ich bin von der Eitelkeit entfernt, mich zum Richter über meine Kunstgenossen aufzuwerfen, vielmehr versichere ich Sie, daß ich alle schätze, selbst diejenigen nicht ausgenommen, welche, nach den Grundsätzen der Kunst, Tadel verdienen: und habe ich keinen andern Beweggrund, sie zu schätzen, so bewundere ich den Muth, und die Leichtigkeit, womit sie ihre Werke ausgeführet haben, denen mehrmal weiter nichts fehlet, als daß sie keinen andern Weg eingeschlagen haben. Wenn ich also kritische Anmerkungen entgegen setze, so habe ich keine andere Absicht, als etwa, wie Sie mich hoffen machten, einigen Nutzen zu schaffen. Bevor ich

ich zur Beschreibung der Gemälde selbst
übergehe, wird es zu meinem Vorhaben
nicht wenig beytragen, wenn ich hier von
der Malerey überhaupt einen richtigen Be=
griff gebe, damit diejenigen, welche in
diesem Fache nur wenig bewandert sind,
mit einem Unterrichte versehen werden,
das Schöne der fürtrefflichsten Kunstwer=
ke, die ich beschreiben werde, fühlen zu
können.

Sie wissen, daß man die Malerey zu
allen Zeiten so sehr geschätzet hat, daß die
Griechen kein Bedenken trugen, ihr den
Namen einer freyen Kunst einzuräumen,
um sie selbst durch diese Benennung zu
veredeln, wiewohl man in den neuen Zei=
ten angefangen hat, sie eine schöne Kunst
zu nennen, welcher Namen gleichfalls sehr
passend ist. Ich habe nur noch anzumer=
ken, die Malerey sey eine edle, oder freye
Kunst in Rücksicht auf die Anstrengung
der Seelenkräfte, ihre unzertrennliche Ge=
fährtinn, und auf die Erhabenheit des
Verstandes, das Eigenthum derjenigen,
welche

welche diese Kunst mit einem Geiste ausüben, der alle Eigenschaften des Adels, so wie ihn die Weisen erklären, an sich hat. Sie ist beynebens eine edle Kunst, indem sie zu allen Zeiten durch ihre Fürtrefflichkeit den Weg zur Ehre, und zum Adel gebahnet hat, wie dieß in Spanien, und anderswo zahlreiche Beyspiele aus verschiedenen Zeitaltern erweisen.

Sie verdienet aber auch den Namen einer schönen Kunst, und dieß ihrer Werke wegen, indem jedes Gemälde ohne Schönheit mangelhaft seyn würde.

Diese edle Malerkunst wird vorzugsweise vor andern Künsten mit der Dichtkunst verglichen, indem beyde den gemeinschaftlichen Endzweck haben zu unterrichten, da sie Vergnügen erwecken.

Die Malerey ahmet alle Gegenstände nach, die in der sichtbaren Natur erscheinen, nicht pünktlich, wie sie sind, sondern wie sie zu seyn scheinen, seyn könnten, oder seyn sollten.

Da ihr das hohe Ziel ausgesteckt ist, auf eine annehmliche Art zu unterrichten, so würde sie dasselbe keineswegs erreichen, wenn sie die Natur gerade so, wie sie ist, schildern wollte; denn so würde man die Erzeugnisse der Kunst mit gleich großer, oder wohl noch größerer Schwierigkeit, als die der Natur begreifen müssen. Daher ist es das Eigenthum der Kunst, Begriffe von Dingen zu geben, welche die Natur hervorgebracht hat; und ihre Werke sind um so viel lobenswürdiger, je vollkommener, bestimmter, und deutlicher die gegebenen Begriffe sind.

Alles, was die Kunst erzeugen kann, findet sich in der Natur entweder ganz, oder zum Theile hervorgebracht; und wiewohl die Kunst einen Gegenstand der Natur nicht mit aller Vollkommenheit erreichen kann, wenn von der vollkommenen Schönheit die Rede ist, (ein Fall, der überaus selten vorkömmt) so kann man doch sagen, die Malerey sey insgemein vollkommener, und schöner, als die Natur:

tur: denn sie vereiniget die Vollkommenheiten, welche sich in der Natur zerstreuet finden, und reiniget im Nachahmen den Gegenstand von allem dem, was zu seinem gewählten Charakter nach dem Begriffe, welchen man dem Zuschauer beybringen will, nicht wesentlich erfodert wird. Nebst dem ist die Natur in allen ihren Werken so sehr verwickelt, daß man weder die Art fassen, noch die wesentlichen Theile leicht unterscheiden kann. Aber die Malerey, wie wir vorausgesetzet haben, giebt, ohne den Verstand zu ermüden, einen deutlichen Begriff von Dingen, welche die Natur ursprünglich erzeuget hat, woraus dann immer Vergnügen entsteht. Weil nun alles, was entweder unsere Sinne, oder unsern Verstand ohne Widerwillen rühret, ein angenehmes Gefühl in uns erwecket, so gefällt uns die Nachahmung besser, als das Original selbst. Nach meiner Meinung besteht also die Malerkunst nicht in einer knechtlichen, sondern idealen Nachahmung; das ist, sie muß an natürlichen

Ge-

Gegenständen diejenigen Theile nachahmen, welche eine wesentliche Idee von Dingen geben, die wir mit dem Verstande begreifen. Dieses Ziel wird erreichet, wenn man die sichtbaren Merkmale des wesentlichen Unterschiedes ausdrückt, welcher sich zwischen einem, und dem andern Gegenstande findet, sie mögen einander ähnlich, oder in ihrer Wesenheit sehr verschieden seyn. Wenn immer diese wesentliche Unterscheidungszeichen sichtbar werden; so erhalten wir einen deutlichen Begriff ihres Daseyns, und ihrer Eigenschaften, wodurch es dem Verstande leicht wird, sie zu fassen.

Die Gegenstände, die der Künstler behandeln will, muß er aus Dingen, welche die Natur anbietet, eben so, wie der Dichter, auswählen. Sie mögen wirklich da seyn, oder nicht, so bleiben sie immer möglich; aber die Schönheit, und Vollkommenheit, wenn sie bis zum Unmöglichen getrieben wird, ist nur an Personen brauchbar, bey welchen man eine

über-

übernatürliche oder Gotteskraft voraus setzt, wodurch das möglich wird, was sonst unmöglich ist. Gemeiniglich erhalten solche Schönheiten, und Vollkommenheiten den Namen der Ideale, weil sie in der einfachen Natur nicht gefunden werden; daher glauben Viele, das Ideal sey nicht war, und natürlich. Die vollkommene Malerey muß immer dem Ideale nahe kommen, wobey aber zu merken, es schränke sich dasselbe nur auf Dinge ein, welche die Natur erzeuget hat, so daß sie nach einem bestimmten Begriffe verbunden, und auf eine Art geordnet werden, wodurch Einheit in Kunstwerken erhalten wird, um des Zuschauers Herz anzuziehen, und in eine Fassung zu bringen, die sich der Künstler zum Ziele gesetzet hat. Hierinn besteht die Kunst des Malers, indem er nicht selten einen aus der Natur genommenen Gegenstand malerisch macht, bloß durch eine Anordnung, die in dem Zuschauer eine ausnehmende Achtung hervorzubringen fähig ist.

Ein

Ein Gemälde, bey welchem Auswahl, Nachahmung und Ausführung nach einem bestimmten Begriffe gerichtet sind, wird immer ein gutes Gemälde seyn; so wie es im Gegentheile allezeit fehlerhaft ist, wenn ihm eine dieser Eigenschaften fehlet, wiewohl der Stil besser, oder schlechter seyn kann, nachdem sich der Künstler einen Gegenstand zur Nachahmung gewählet hat.

Von den verschiedenen Gattungen des Stils in der Malerey.

Die Vereinigung aller Theile, woraus eine Malerey in Rücksicht auf die Praktik, oder Ausführung besteht, nenne ich den Stil, welcher eigentlich in Werken der Malerey das Wesentliche ist. Dieser Stil kann unendlich verschieden seyn: die Hauptgattungen aber, von welchen die übrigen Arten abgeleitet werden, lassen sich auf eine bestimmte Zahl einschränken.

So

So ist der Stil erhaben, schön, anmuthig, bedeutend, und natürlich. Ich nehme hier keine Rücksicht auf die fehlerhaften Gattungen des Stils, ohne jedoch die Künstler, denen sie eigen waren, zu verachten; denn es geschieht nicht selten, daß mit großen Verdiensten auch große Fehler vereiniget sind, eine Ursache, woraus sehr oft Zweydeutigkeiten über das Fehlerhafte entstanden sind, da man die bösen Eigenschaften mit ihren guten verwechselt hat.

Ich werde mich über diese Gattungen des Stils, so gut mir möglich, erklären, wiewohl es eine Verwegenheit ist, so etwas, dem ich nicht gewachsen bin, zu unternehmen; dennoch wage ich es, in Hoffnung, anderen geschicktern Männern hiedurch Gelegenheit zu bessern Erklärungen zu geben. Erhalte ich auch keinen Beyfall, so werde ich mich gerne zufrieden geben, wenn sonst jemand etwas nützlicheres über eine Sache vorbringt, die allen Künstlern, und Liebhabern der Kunst so wichtig seyn muß, theils die verschiedenen

Ar-

Arten des Stils einzusehen, und von einander zu unterscheiden, theils auch diejenigen Künstler, welche den Vorzug verdienen, besser zu schätzen.

Der hohe Stil.

Durch den hohen Stil verstehe ich die Anwendung der Kunst zur Ausführung eines Begriffes, durch welchen man dem Endzwecke der Malerey gemäß Gegenstände und Eigenschaften, die über unsre Natur erhaben sind, begreiflich machen will. Die Kunstgriffe dieses Stils beruhen auf der Wissenschaft, in einem bestimmten Gegenstande dem Begriffe vom Möglichen, und Unmöglichen eine Einheit zu geben. Es muß daher der Künstler von bekannten Formen und Zügen Gebrauch machen, und von jenen Theilen, die aus der Natur entlehnet werden, alle Zeichen des Mechanismus hinweg lassen. Dieser Stil muß durchaus einfach, richtig,

tig, und scharf, wenigstens groß, und wichtig seyn.

Wir finden von diesem Stil in Werken der Malerey keine Beyspiele, indem uns jene der alten Griechen fehlen; daher müssen wir zu ihren Bildsäulen übergehen, unter welchen der pythische Apoll im Belvedere diesem Stil sehr nahe kömmt: aber die wahre Vollkommenheit desselben müßten wir in des Phidias Jupiter zu Elis, und in seiner Minerva zu Athen aufsuchen. Raphael von Urbin hat es in diesem Stil nur bis zum Majestätischen gebracht. Michael Angelo schritt bis zum Schreckbaren, und wiewohl beyde in ihren Gedanken und Erfindungen dem Erhabenen nahe gekommen sind, so blieben doch ihre Formen zurück. Unterdessen kann man nicht leugnen, daß sich die Art ihrer Ausführung für den hohen Stil sehr wohl schicken würde. Annibal Caracci, so wie Dominicho Zampieri kamen dadurch, daß sie die Formen alter Statuen nachahmten, dem hohen Stil manchmal sehr nahe; al-

B   lein

lein sie konnten das Erhabene der Begriffe, und der Manier nicht vereinigen.

Der ſchöne Stil.

Die Schönheit iſt ein Begriff, oder ein Bild der möglichen Vollkommenheit. So bald die Schönheit ſichtbar wird, ſo bringt ſie Schönheit hervor, und wo Schönheit iſt, da decken ſich zugleich gute Eigenſchaften und Vollkommenheiten in dem Gegenſtande auf, worinn ſie iſt. Beynebens erhebt die Schönheit unſern Verſtand zur leichten Erkenntniß der guten Eigenſchaften eines Gegenſtandes, der ohne ſie nur dunkel, und ſchwer zu erkennen ſeyn würde.

Der eigentliche Stil zur Bildung ſolcher Vorwürfe muß nett, und frey von allem Ueberflüßigen ſeyn, ohne jedoch einen weſentlichen Theil des Gegenſtandes weg zu laſſen, ſo, daß jede Sache nach ihrer Würdigkeit, und nach allen in der Natur wirkſamen Eigenſchaften bezeichnet
werde.

werde. Nichts desto weniger muß die Ausführung flüßiger, und sanfter, als im erhabenen Stil seyn, so daß sie hinreiche, einen deutlichen Begriff von der möglichen Vollkommenheit zu geben.

Dieser schöne Stil ist in Werken der Neuern noch unvollkommen. Hätten sich die Malereyen des Zeuxis, und vorzüglich seine Helena erhalten, so wären wir im Stande, uns von diesem Stil ächte Begriffe zu machen. Die übrig gebliebenen griechischen Statuen gehören überhaupt zu diesem Stil mehr, oder weniger, nachdem es der Charakter einer jeglichen erlaubte. Und wiewohl manchmal, wie beym Laokoon ein ungemein starker Ausdruck der Leidenschaften besonders wahrgenommen wird, so herrschet doch überall das Annehmliche und Schöne der Formen, mit Ausschließung der gewaltsamen, und widernatürlichen Stellungen.

Es scheint, als ob die Schönheit ihren Charakter nach den Gegenständen änderte, in welchen sie vorkömmt. So gränzet sie im vatikanischen Apoll ans Erhabene. Am Meleager zeiget sich eine männliche, oder heldenmäßige, an der Niobe eine weibliche, am Apoll, und an der mediceischen Venus eine reizende Schönheit. Ueberaus schön sind Kastor und Pollux bey St. Ildephons, die Ringer zu Florenz, der borghesische Fechter, und selbst der farnesische Herkules, alle von verschiedenen Charakteren. Allein, wie der auch immer war, so sieht man doch deutlich, daß ihn die Künstler mit der Schönheit zu vereinigen bedacht waren. Raphaels Ideen sind nur wenig über die Gegenstände, welche die Natur anbot, erhaben, und es fehlt ihnen eine gewisse Niedlichkeit. Annibal war schön in männlichen Körpern, Albano in weiblichen Figuren, und Guido Reni in weiblichen Köpfen; aber mehr in Absicht auf die Formen, als auf die Manier.

Der

Der reizende Stil.

Der Reiz, oder die Grazie hat mit der Wohlthätigkeit eben die nämliche Bedeutung: Es sind also Gegenstände, die Reiz oder Grazie haben, eben diejenigen, bey deren Vorstellung der Begriff des Wohlwollens hervorgebracht wird; deswegen auch der reizende Stil nur gemäßigte, leichte, liebvolle, und mehr demüthige, als stolze Bewegungen anbringen muß. In der Ausführung muß er viel Bestimmtes haben, und dennoch leicht, mannigfaltig, und sanft seyn, ohne in Kleinigkeiten überzugehen.

Selbst nach dem Zeugniße der Griechen hatte Apelles in diesem Stücke eine vorzügliche Stärke; und wiewohl dieser Künstler sehr bescheiden war, so hatte er dennoch kein Bedenken, sich dieses Vorzuges zu rühmen, da er frey bekannte, es mögen ihn wohl andere an manchen Theilen der Kunst übertreffen, aber an Grazie

übertrifft er alle. Man muß indessen wohl bedenken, daß der Begriff, wie ihn die Alten von der Grazie hatten, von demjenigen weit unterschieden war, welchen wir uns heut zu Tage davon machen. Vergleichen wir den unsrigen in Ansehung der Malerey mit jenem der Alten, so ist er weiter nichts, als eine Art vom Gezwungenen, oder Affektation, die bey der vollkommenen Schönheit nicht statt hat: denn sie besteht sehr oft in gewissen unnatürlichen, schweren, gewaltsamen, oder wohl auch kindischen Gebärden, Stellungen und Handlungen; wie man dieses manchmal auch in den Werken des großen Anton Corregio, und noch viel mehr in jenen des Parmegianino, und anderer Künstler sehen kann, die diese Bahne gegangen sind. Hingegen war die Grazie bey den Alten ganz anders beschaffen; sie trug einen Charakter, von welchem man mit Grunde sagen kann, gleichwie die Schönheit weiter nichts, als ein Begriff der Vollkommenheit ist, also sey auch die Grazie weiter

ter nichts, als Schönheit, die kein anders Ziel hat, als von schönen Gegenständen reizende Begriffe zu geben.

Vollkommene Muster der Griechen in diesem Stil sind die mediceische Venus, Apoll, der Hermaphrodit in der Villa Borghese, und was ebendaselbst an einem ungemein schönen Kupido noch antik ist, so wie eine Nymphe in der fürtrefflichen Sammlung bey St. Ildephons, und noch mehr andere Statuen hieher gehören. Raphael hatte die wahre Grazie in den Bewegungen seiner Figuren; allein es fehlte ihm einigermaßen die Zierlichkeit der Formen, und Umrisse, so wie überhaupt seine Ausführung allzu bestimmt war. Corregio kann zum Muster in Umrissen, im Hellbunkeln, und in allem demjenigen dienen, was man im reizenden Stil unter dem Namen der Ausführung begreift. Dieser Künstler besaß im hohen Grade eine Eigenschaft, deren sich Apelles rühmte, als er mit Protogenes sich maß: Er ist mir, sprach er, in allem gleich; nur die Hand kann

kann er nicht von der Tafel bringen: wodurch er zu verstehen gab, daß in Künsten eine allzu mühsame Ausarbeitung die Grazie tödtet, und diesem Stil zuwider ist.

Der bedeutende, oder ausdrucksvolle Stil.

Durch den bedeutenden, oder ausdrucksvollen Stil verstehe ich denjenigen, in welchem man aus allen Theilen der Kunst vornehmlich jenen des Ausdrucks zum Endzwecke hat. Hier muß alles bestimmt, und ausgeführet seyn. Raphael kann in diesem Stil zum vollkommenen Muster dienen; denn in diesem Theile hat ihn kein anderer Künstler übertroffen. Die alten Griechen zogen die Schönheit dem Ausdrucke vor, und wollten die Formen durch Veränderungen, die eine nothwendige Folge von Gemüthsbewegungen ist, nicht verunstalten.

Unter

Unter den neueren Künstlern verstund sich noch keiner auf den richtigen Ausdruck so gut, als Raphael; denn es scheint, er habe die Personen, welche er vorstellte, selbst geschildert; da hingegen andere Mahler meistens theatermäßige Schilderungen gaben, indem sie dafür hielten, solche Personen wären die schicklichsten, eine Handlung so auszuführen, daß die Augen der Zuschauer angezogen werden: Indessen ist dieß wieder nichts anders, als ein gewisser Grad der Affektation, dem man es leicht abmerkt, daß er nichts weniger, als innerliche Empfindung handelnder Personen, sondern viel mehr Begierde des Künstlers ist, eine gute Stellung hervorzubringen. Einige schätzbare Männer wußten nur in gewisse Handlungen Grazie zu legen, da indessen die anderen kalt blieben. Aber Raphael war in allen Fällen gleich glücklich, indem seine Ausführung allen Eigenschaften dieses Stils vollkommen entspricht, wie ich es bey Beschreibung seiner Gemälde deutlicher erklären werde.

Der natürliche Stil,

oder der Stil nach der Natur.

Wiewohl wir von der Malerey überhaupt einen aus der Natur genommenen Begriff zu fodern haben, so verstehe ich doch unter dem Namen des natürlichen Stils nur solche Werke, in welchen der Künstler außer der Natur keinen andern Endzweck hat, ohne daran etwas zu bessern, oder eine Auswahl des Schönen aus der Natur zu treffen. Wenn ich also von Malern nach der Natur rede, so verstehe ich Künstler, denen es an Wissenschaft fehlte, ihre Urbilder zu verbessern, oder aus der Natur das Vollkommenere zu wählen, indem sie dieselben bloß kopirten, entweder wie sie sich ihnen zufälliger Weise anbot, oder wie man sie täglich finden kann.

Dieser Stil in der Malerey dünkt mich eine genaue Aehnlichkeit mit der komischen Dichtkunst zu haben, in welcher man sich

poeti-

poetischer Kunstgriffe bedienet, ohne von Dichterideen Gebrauch zu machen. In diesem Stil haben sich einige holländische und niederländische Maler, als Rembrant, Gerard, Dau, Teiners, und andere zu einem hohen Grade erschwungen. Noch fürtrefflichere Muster stellen die Werke des Diego Velasquez auf: und wenn ihn auch Titian im Kolorite übertraf, so war ihm hingegen Velasquez in der Schattirung, und Luftperspektiv weit überlegen: Diese beyden Theile sind in gegenwärtigem Stil ganz unentbehrlich, um den Begriff von Wahrheit zu erhalten, indem die natürlichen Gegenstände nie ohne Erhebung, und ohne einen Abstand von einander seyn können, ungeachtet sie übrigens mehr oder weniger lebhafte Farbe haben. Wer noch hierüber einen umständlichern Unterricht wünschet, als er sich aus den schönen Werken des Velasquez holen kann, der mag sich an die Natur selbst wenden, wiewohl man das Nothwendigste allezeit bey diesem Künstler finden wird.

Nun

Nun kann man leicht unterscheiden, was jedem Stil, von welcher Gattung er auch seyn mag, eigenthümlich angehöre, wenn man sich erinnert, daß alle Theile der Nachahmung sowohl, als der Ausführung von dem ersten Begriffe abgeleitet werden, welchen sich der Künstler gewählet hat. Ich kann also von den übrigen Gattungen des Stils schweigen, die mehr, oder weniger vollkommen sind, und sich auf die eine, oder andere der angeführten fünf Gattungen beziehen.

Fehlerhafter Stil.

Ich fürchte, vielen Liebhabern zu mißfallen, wenn ich von den Gattungen des fehlerhaften Stils handle: denn auch diese haben Beyfall von Leuten, deren Gefühl nicht fein genug ist, den wahren Vorzug großer Männer zu unterscheiden; daher ihnen bloßer Schein für wahres Verdienst gilt. Dieser Zweydeutigkeit wegen

gen haben Viele den übertriebenen Stil angenommen, worunter einige Nachahmer des Michael Angelo sind, welche hierinn das wahre Große dieses Künstlers gefunden haben wollten: so wie man das Affektirte einiger lombardischen Maler nicht selten für Correggio's Grazie hält.

Eben also verhält es sich mit dem überladenden Stil, welcher von vielen angenommen, und wohl auch für den besten in der Welt gehalten wird; da er eigentlich nichts anders ist, als eine Häufung zufälliger Dinge in der Natur, wodurch man nur denjenigen klare Begriffe macht, die unfähig sind, einen Gegenstand an wesentlichen Theilen zu erkennen. Die Mittel, welche Künstler dieses Stils anwenden, um ihren Liebhabern zu gefallen, bestehen darinn, daß sie die Schönheit und Verschiedenheit der Lokaltinten auf allen Körpern vermehren, im Helldunkeln große Stärke, und viele Kontraposten anbringen, und alles in eine Ordnung stellen, welche der Schattirung vortheilhaft ist, so

daß

daß man zweifeln muß, ob dergleichen Werke mehr für die Augen, oder für den Verstand gemacht sind. Diesen Stil haben viele, die man für große Männer hält, sonderlich außer Italien angenommen, deren Namen ich in Ehren halte, vornehmlich der Verdienste wegen, die sie in andern Theilen der Kunst haben: So schätze ich die Fruchtbarkeit, und den Reichthum ihres Genieeß, ihr erhabneres Talent, wodurch sie sich über die größten Schwierigkeiten hinweggesetzt, oder dieselben wohl auch verachtet haben, und ihre Genügsamkeit, in Dingen fürtrefflich zu werden, welche sie ganz leicht erreichen konnten, ohne hierüber auf die Urtheile der Kunstverständigen Rücksicht zu machen.

Der leichte Stil.

Einige Künstler haben in einem schönen und leichten Stil gearbeitet, ohne in wichtige Fehler zu fallen: Peter von Kortona,

tona, und die aus seiner Schule sind, verdienen hierinn den Vorzug, so wie man es noch itzt an den Werken des Giordano sehen kann. Man kann Maler im leichten Stil nennen, oder Maler für das Volk, und für den großen Haufen. Ihnen war die Vollkommenheit nicht unbekannt; allein sie begnügten sich, in allen Theilen der Kunst einen hinreichenden Begriff zu geben, wodurch eine Sache von der andern unterschieden werden könnte, ohne den Begriff von der Vollkommenheit selbst zu geben; denn diese ist nur wenigen bekannt, und wird von denen gemeiniglich ganz verkennet, die Malereyen für Geld miethen. Die besten Künstler dieser Art haben auf ihre Werke gerade so viel Mühe, und nicht mehr verwendet, als eben die meisten Liebhaber ohne große Anstrengung einzusehen fähig sind.

Was das Praktische der Malerey betrifft, so enthält es fünf Haupttheile: die Zeichnung, das Hellbunkle, das Kolorit, die Erfindung, und die Zusammensetzung.

In

In jedem Werke dieser Kunst müssen die drey erstern Theile vornehmlich, und unentbehrlich zusammentreffen, und alles, was durch sie hervorgebracht wird, kann nach Grundsätzen untersucht werden, ob es gut sey, oder nicht. Anders verhält sichs mit den beyden letztern Theilen, die immer viel Willkührliches haben; und, wiewohl auch hier nichts ohne gegründete Ursache geschehen muß, so läuft doch diese gewissermassen auf bloße Muthmassungen hinaus. Daher entsteht die Schwierigkeit, gewisse Regeln, die überall statt haben, festzusetzen; und gleichwie die Erfindung und Komposition die ganze Auswahl in der Malerey bestimmen, so wählt ein jeder nach seinem Genie auf verschiedene Art, und ist insgemein mit seiner Wahl zufrieden.

Zeichnung.

Wollte ich alle die Theile dieser Kunst beschreiben, so würde mein Unternehmen

nehmen viel zu weitläuftig werden, und meiner gegenwärtigen Absicht nicht angemessen seyn. Nur dieses merke ich an, daß die Vollkommenheit der Zeichnung theils im Korrekten bestehe, welches weiter nichts, als eine genaue Nachahmung der Formen ist, so wie sie sich vor unsern Augen aufstellen; theils in der Wissenschaft, gerade die Charaktere, die man ausdrücken will, zu bezeichnen, welches darinn besteht, daß man aus der Natur dasjenige wähle, so mit unserm Stoff, und Gegenstand übereinkömmt.

Helldunkles.

Die ganze Schönheit des Helldunklen besteht in der Kunst des Malers, alle Wirkungen des Lichts und Schattens, wie sie in der Natur erscheinen, nachzuahmen, wodurch seine Werke Gelindigkeit, Stärke, Mannigfaltigkeit, Gradation und Ruhe fürs Auge im Licht sowohl, als im

C   Schat-

Schatten erhalten: Eben so dient auch dieses Helldunkle, den Charakter eines muntern, oder ernsthaften Stückes zu bezeichnen.

Kolorit.

Die Schönheit des Kolorits erfodert eine richtige Nachahmung der Lokalfarben, und Töne der Körper, daß man nämlich überall ebendenselben Ton im Licht sowohl, als im Schatten, und in den Mitteltinten beybehalte; daß eine jede Farbe, nachdem das Licht abnimmt, oder die zwischen dem Gegenstande, und zwischen dem Auge schwebende Luft wirket, auch stuffenweise abnehme; und endlich, daß eine Farbe mit der andern harmonire, und alle Zufälligkeiten, wie sie in der Natur erscheinen, ausdrücke, so, daß das Kolorit schön, saftig, helle, angenehm, und kräftig sey.

Erfindung.

Die Erfindung ist der weitläuftigste Theil der Malerey, woraus man auf Genie, und Talent des Malers, und auf das Dichterische dieser Kunst schließen kann. Sie hängt von der Auswahl der ersten Idee eines Kunstwerkes ab, welche man bis auf den letzten Pinselzug nimmermehr aus dem Gesichte lassen darf. Nicht genug, daß der Maler eine gute Idee entwirft, und ein großes Stück Leinwand mit einer Menge Figuren anfüllt; sie müssen auch alle geschickt seyn, die zuerst entworfene Idee aufzuklären. Wenn der ganze Inbegriff eines Werkes den angenommenen Stoff nicht so ausdrückt, und dem Zuschauer nicht so erklärt, daß Herz und Verstand in eine Fassung kommen, durch den Ausdruck, und durch die Handlungen der Hauptfiguren gerührt zu werden; so tragen gewiß die gewaltsamen Ausdrücke, und verdrehten Bewegungen nichts bey, den Ruhm eines geistreichen Erfinders zu erlangen. Alles Uebertriebene ist der guten Erfindung zuwider. Um hievon einen deutlichen Begriff zu geben, werde ich aus dem königlichen Palaste eine Malerey beschreiben, die unter dem Namen Spasimo di Sicilia bekannt ist.

Zusammensetzung.

Durch die Zusammensetzung versteht man die Kunst, alle Gegenstände, welche mit Hülfe der Erfindung gewählt wurden, auf die schicklichste Art mit einander zu verbinden. Diese beyden Theile müssen nie getrennet werden; denn auch die besten Gedanken, und die geistreicheste Erfindung wird ohne gute Zusammensetzung wenig Annehmlichkeit haben. Ihre Schönheit hängt vornehmlich ab, theils von der Mannigfaltigkeit, und von den Kontrapoften, theils von dem Kontraste, und von der Anordnung aller Theile, die zum

Werke

Werke selbst gehören. Bey dem allen muß die Erfindung alle Theile der Komposition, einen jeden nach seiner eigenthümlichen Bestimmung richten.

Die Malerey hat eben die Veränderungen erfahren, welchen alle menschliche Dinge unterworfen sind. Sie hatte ihr Wachsthum, und ihren Verfall; stieg dann wieder zu einer gewissen Höhe, und fiel vom Neuen herunter. Diese Veränderungen mußte sie nicht nur in der Ausübung, sondern selbst in ihren Grundsätzen gedulden: denn was einst ihr fürnehmster Endzweck war, das sah man ein andermal, als etwas Zufälliges an. Gleicher Wechsel, gleiche Verschiedenheit der Meinungen äusserte sich in verschiedenen Zeiten über die Bestandtheile dieser Kunst.

Ich setze voraus, die Malerey habe vor den Griechen unter keinem Volke die wahre Gestalt einer Kunst angenommen, und nie auch eine höhere Stuffe der Vollkommenheit erreichet, als wohin sie die Griechen erhoben haben. Ihre Absichten,

und ihr Stil war von jenen der Neuern sehr unterschieden, ungeachtet das Hauptziel immer die Nachahmung der Natur war.

Die alten Griechen hatten so viele Hochachtung für die Schönheit, daß sie nur das Schöne in der Natur ihrer Nachahmung würdig hielten, und man kann von ihnen mit Wahrheit sagen, daß sie den schönen Stil vollkommen gebildet, und erhalten haben. Die große Anstrengung, womit die besten Künstler nach der Vollkommenheit in diesem Stücke rangen, hinderte sie, an große Zusammensetzungen zu denken, wodurch sich die neuen Künstler Ruhm erworben haben. Auf den besten Malereyen eines Polygnotus, Zeuxes, Parrhasius, und Apelles zeigten sich nur wenig Figuren, und wiewohl diese Künstler in ihren Erfindungen sinnreich waren, schränkten sie sich doch nur auf wenig Gegenstände ein. Die übriggebliebenen Werke der Bildhauerkunst geben genugsam zu erkennen, daß ihre großen Zusammensetzungen nicht in einer vollkommenen Einheit,

sondern

sondern nur in einer Vereinigung vieler Figuren bestanden haben. Noch eine andere Ursache, warum die alten Maler auf ihren Schilderungen nur wenig Figuren angebracht haben, war gewiß auch diese, weil ein schöner und vollkommener Gegenstand, um in seinem gehörigen Licht aufgestellt zu werden, einen zureichenden Raum verlanget; denn es ist unstreitig, daß die Vollkommenheit der Hauptfigur durch eine Menge von Nebenfiguren verliert. Weil es die griechischen Maler in ihrer Kunst so weit brachten, daß sie die Aufmerksamkeit einer Nation verdienten, die so großen Hang zur Philosophie hatte; so war nichts natürlicher, als daß sie sichs zum Grundsatze machten, die Vollkommenheit ihrer Kunst nicht in Nachahmung der gemeinen, sondern vollkommenen Natur aufzusuchen; und eben darum waren sie nicht so viel auf die Menge der Gegenstände, als auf deren Vollkommenheit bedacht. Auf diese Art rückten sie Schritt für Schritt bald schneller, bald langsamer von der funfzehnten Olympiade bis in die neunzigste fort; eine Zeit, in welcher sie schon die wichtigsten Feinheiten der Kunst entdecket hatten: Allein dieses Wachsthum geschah noch nicht in Absicht auf jene Grazie, welche, wie wir schon gedacht haben, nicht die Vollkommenheit, nicht die Schönheit selbst, sondern eine Idee der Schönheit ist, mit einer Leichtigkeit entworfen, die den Geist des Zuschauers in einen Stand der Ruhe setzt: Diese Eigenschaft, sage ich, war dem großen Apelles aufbehalten, welcher in der 110. Olympiade lebte, und der ganzen Vollkommenheit dieser Kunst, so wie sie dem Alterthume eigen war, den vollen Glanz gab. Nach ihm fiel sie bald zu Tändeleyen, zu Kleinigkeiten, zum Uebertriebenen herunter.

Als die Malerey im dreyzehnten Jahrhundert der christlichen Zeitrechnung gleichsam wieder auflebte, lag die Welt in tiefer Unwissenheit, und die Philosophie war in ihrer ersten Kindheit. Daher haben uns die ersten Maler Werke geliefert, ohne

in

in denselben für Schönheit, oder Vollkommenheit zu sorgen. In Italien, dem eigentlichen Orte der Wiedergeburt, malte man auf Facciaten der Kirchen, Kirchhöfe und Kapellen Geheimnisse aus der Leidensgeschichte, und andere dergleichen Gegenstände. Bald nach ihrer Wiederherstellung öffnete sich der Kunst ein weites Feld, worauf sie aber mehr Reichthum, als Vollkommenheit erlangte. Daher kömmt es, daß einigermassen die Malereyen der heutigen Künstler noch das Merkmal ihres Ursprungs tragen: Denn weil man nicht bekümmert ist, so wie es die Griechen waren, großen Männern und Freunden der Weisheit genug zu thun, sondern vornehmlich dem großen Haufen, oder dem Mächtigen zu gefallen, so sind auch unsere Künstler wenig auf Vollkommenheit bedacht, und nehmen ihre Zuflucht zum Reichthume, und zur Leichtigkeit; Eigenschaften, zu deren Erkenntniß auch diejenigen fähig sind, für welche meistens gemalt wird.

Gleichwie nichts beständig ist, und Menschen ihre Begriffe immer weiter treiben, indem sie, was niedrig, erhöhen, und was hoch ist, wieder herabsetzen; so konnte es auch nicht fehlen, daß die Maler Mittel fanden, sich über andere zu erschwingen, da sie zur rohen, und barbarischen Praktik, womit man anfieng, eine Art von Theorie hinzusetzten. Das erste, woran sie sich machten, war die Perspektiv, deren Kenntniß die Zusammensetzung so sehr erweiterte, daß sie nun durch die Kunst Verkürzungen auszudrücken, sich im Stande sehen, ihren Erfindungen weitere Gränzen aufzustecken. Dominik Ghirlandajo, ein Florentiner, zeigte der erste, wie man kraft dieses Mittels seine Zusammensetzung erheben könne. Er stellte seine Figuren in Gruppen, unterschied die Flächen, worauf sie standen, durch gehörige Verkürzungen, und brachte in seiner Zusammensetzung Vertiefungen an. Dem ungeachtet wagte er es noch nicht, auf eine Art, wie die heutigen Künstler, zusammenzusetzen. Gegen

Gegen das Ende des 15ten Jahrhunderts zeichneten sich einige Männer von vorzüglichen Talenten aus, als Leonard da Vinci, Michael Angelo, Giorgione, Titian, Bruder Bartholomeo von St. Marko, und Raphael von Urbin. Leonard brachte zuerst viel feines in die Kunst. Michael Angelo erhob durch das Studium der Antiken, und durch seine genaue Kenntniß der Anatomie den Stil sowohl in Absicht auf die Zeichnung, als auf die Formen. Giorgione von Castelfranko brachte es überhaupt weiter, und setzte noch mehr Lebhaftigkeit des Kolorits hinzu, als seine Vorfahren gethan haben. Titian fand durch eine feinere Nachahmung der Natur die Vollkommenheit der Farbentöne. Bartholomeo sann vornehmlich der Draperie nach, und kleidete seine Figuren viel besser, indessen er die Rundung im Nackenden mittelst des Hellbunklen erhielt. Raphael Sanzio von Urbin mit einem fürtrefflichen Talente versehen, und zur Malerey gleichsam geschaffen, beobachtete mit
vieler

vieler Genauigkeit alle seine Vorfahren und Zeitgenossen, vereinigte ihre reizendsten Eigenschaften, und da er nach einer schicklichen Auswahl nur jenes beybehielt, was der Vernunft, und der Wahrheit der Natur gemäß ist, so schuff er einen weit vollkommenern und allgemeinern Stil, als alle neueren Maler vor, und nach ihm erhalten haben. Wenn aber Raphael in allen Theilen der Kunst fürtrefflich war, so war er gewiß allen Künstlern an Erfindung und Zusammensetzung überlegen, so daß nach meinem Urtheile selbst jene alten Griechen erstaunet seyn würden, wenn sie seine ungeheuren Werke im Vatikan gesehen hätten, an welchen, ungeachtet des großen Reichthums, dennoch eine so große Vollkommenheit, Fleiß, Feinheit und Leichtigkeit anzutreffen ist.

Gleichwie bey den Griechen, nachdem ihre Malerey unter Zeuxes und Parrhasius die höchste Stuffe der Vollkommenheit erstiegen hat, der große Apelles, wie wir schon oben angemerket haben, weiter nichts,

nichts, als die Grazie hinzusetzen konnte; so fehlte auch der neueren Malerey nach Raphaels Werken weiter nichts, als diese Grazie, die endlich Anton Allegri, genannt Corregio, hinzusetzte, und hiedurch dem Stil der neuen Malerey allen den Glanz gab, welchen man noch verlangen konnte, indem er nicht nur den Verstand des Kunstkenners; sondern auch alle Augen der Liebhaber befriedigte.

Nach diesen berühmten Künstlern war ein leerer Zwischenraum bis auf die Caracci von Bologna. Diese studierten mit allem Eifer die Werke ihrer Vorfahren, besonders des Corregio, und wurden dadurch zu den besten, ersten und glücklichsten Nachahmern. Annibal war in der Zeichnung sehr korrekt, und verband mit dem Stil alter Statuen das Große Ludewigs seines Bruders. Allein er gieng nicht bis zu den letzten Feinheiten dieser Kunst, oder bis zu philosophischen Betrachtungen über. Diese Caracci stifteten eine Schule fähiger Männer, welche die

nämli=

nämliche Bahn giengen; Guido Reni ausgenommen, ein Mann von vielen Talenten, und großer Leichtigkeit, der in der Malerey einen sehr reizenden Stil einführte, indem er Schönheit, Grazie, Reichthum und Leichtigkeit mit einander verband. Guercino da Cento erfand einen neuen Stil im Hellbunklen, welcher in dem besteht, was wir Flecken *), Kontrapoſten, und Unterbrechungen nennen.

Auf dieſe großen Männer, welche die Vollkommenheit ihrer Vorfahren, und der Natur in einer leichten Manier nachahmten, kam Peter von Kortona: Dieſer, weil er zu viel Schwierigkeit fand, in dieſen Gattungen des Stils weit zu kommen, und andererſeits viel natürliches Talent hatte, verlegte ſich ſonderbar auf die Zuſammenſetzung, und alles das, was man Geſchmack nennet. Vor ihm behielten alle Kompoſitionen eine Art von Symmetrie bey, oder die Anordnung geſchah, wie in Raphaels Werken, ſo zu ſagen, nach den

Regeln

*) Macchie.

Regeln des Gleichgewichtes: wobey man sich immer nach der Erfindung seiner Geschichte richtete. Aber Peter von Kortona trennte die Erfindung von der Zusammensetzung, und blieb vielmehr bey solchen Theilen stehen, welche das Auge reizen, das ist, bey Kontraposten, und beym Kontraste in den Gliedern seiner Figuren. Man fieng also an, die Malereyen mit einer Menge wohlgestellter Figuren zu überladen, ohne zu bedenken, ob sie sich auch zur Geschichte schicken oder nicht. Da die alten Griechen nur wenige Figuren in ihre Malereyen brachten, wurde dadurch die Vollkommenheit derselben desto sichtbarer; diese neuern Maler hingegen, suchten viele Figuren mit einander zu verbinden, um ihre Unvollkommenheiten durch dieses Mittel zu verbergen. Die kortonesische Schule hat sich wieder getrennet, und den Charakter der Malerey abgeändert.

Bald darauf erschien Karl Maratti in Rom. Er strebte nach Vollkommenheit, und suchte sie in Werken großer Männer,

vor-

vorzüglich in der Caraccischen Schule auf: Und ungeachtet alle die Natur studierten, so wich er dennoch von ihnen ab, indem er sichs zur Regel machte, man müsse dieselbe nicht in ihrer ganzen Einfalt nachahmen. Nach diesem Grundsatze, der seinen Einfluß in alle Theile der Kunst hatte, nahm diese letzte Schule von ihrem Stifter Maratti einen gewissen ausgesuchten Stil an, welcher ins Affektirte übergeht.

Auch Frankreich hatte große Männer, besonders in der Zusammensetzung, worinn Nikolaus Poussin den Stil der alten Griechen am glücklichsten nachahmte. Karl le Brün, und noch mehr andere waren sehr fruchtbar, und so lange sich die französische Schule von den Grundsätzen der italienischen nicht entfernet hatte, brachte sie Männer hervor, die in verschiedenen Theilen der Kunst großes Verdienst haben. Aber endlich traten Künstler auf, welche die prächtigen Werke von Rubens den vollkommenen des Raphaels vorzogen, die reizenden Gegenstände, wie sie die Natur in

ihrem

ihrem eigenen Lande anbot, nach Rubensischen Grundsätzen zum Muster nahmen, und einen Stil schuffen, welcher endlich, weil er durch seine Lebhaftigkeit und Neuheit bey dieser Nation großen Beyfall fand, den italienischen Geschmack gänzlich verdrängte. So bildeten sie sich einen Nationalstil, dessen wesentliche Eigenschaften im Lebhaften und Geistigen bestehen. Daher kam es, daß sie in ihren Werken keine Aegyptier, Griechen, Römer und Barbaren, so wie der große Poussin, sondern durchaus Franzosen schilderten, aus welchem Lande auch immer die Personen der Geschichte genommen wurden. Meine Meinung über andere Schulen werde ich alsdann äußern, wenn ich die Werke ihrer besten Künstler beschreiben werde. Ungeachtet diese meine Anmerkungen noch lange nicht zureichen, von der Kunst einen vollkommenen Begriff zu geben; so bin ich doch zufrieden, wenn sie ihnen nicht zu weitläuftig scheinen, da sie weiter nichts als eine Borerinnerung zur kurzen

Beschreibung der königlichen Malereyen sind. Ich wünschte sehr, daß alle kostbare Gemälde, welche durch andere königliche Häuser zerstreuet sind, in diesem Palaste versammelt, und in einer Gallerie aufgestellt würden, die eines so großen Monarchens würdig wäre; so würde ich im Stande seyn, gut, oder schlecht den begierigen Leser von den ältesten Malern, die uns bekannt sind, bis auf die letzten, welche noch Lob verdienen, ordentlich zu führen. Auf diese Art würde man den wesentlichen Unterschied, der zwischen ihnen ist, viel bestimmter einsehen, so wie auch meine Begriffe viel deutlicher seyn würden. Weil aber der königliche Hof noch nicht gesonnen ist, die vielen Malereyen in einer ordentlichen Reihe aufzustellen, so werde auch ich von den Künstlern verschiedener Zeitalter ohne Ordnung handeln, und von den besten spanischen Malern anfangen, deren Werke in den Hauptzimmern dieses königlichen Palastes sind.

In

In dem Zimmer, wo sich der König ankleidet, sieht man den größten Theil dieser Werke, vorzüglich von drey berühmten Malern, D. Diego Velasquez, Ribera und Murillo. Aber wie sehr sind sie von einander unterschieden! Wie viel Wahrheit und Kenntniß des Hellbunklen liegt in den Stücken des Velasquez! Wie fürtrefflich verstand er die Wirkung der Luft, welche sich zwischen den Gegenständen befindet, um die Entfernung des einen von dem andern anzuzeigen! Welch ein Studium für jeden Künstler, wenn er in den gegenwärtigen Stücken dieses Malers, wie er sie in drey verschiedenen Zeitläufen verfertiget hat, die Manier untersuchet, und aus derselben die Bahne entdeckt, auf welcher Velasquez bis zur vollkommenen Nachahmung der Natur fortgeschritten ist. Das Gemälde, so einen Wasserträger von Sevilien vorstellet, giebt deutlich zu erkennen, wie sehr er sich Anfangs an die Nachahmung des Natürlichen gehalten habe, indem er alle Theile ausführte, allen dieje-

nige Stärke gab, die er in der Natur zu sehen glaubte, und überall den wesentlichen Unterschied zwischen den Theilen, auf welche Licht fällt, und jenen, die im Schatten stehn, deutlich anzeigte, so daß dieser Nachahmung wegen sein Pinsel manchmal ins Harte und Trockne fiel.

Auf dem Gemälde, so den verstellten Bachus bildet, wie er eben einige Trunkene krönt, nimmt man einen weniger gebundenen und freyeren Stil wahr, womit er zwar die Wahrheit nachahmte, allein nicht, wie sie ist, sondern wie sie zu seyn scheint. Noch eine größere Freyheit und Fertigkeit sieht man in Vulkans Schmiede, worinn einige Knechte eben in der Arbeit begriffen, eine vollkommene Nachahmung der Natur sind. Den richtigsten Begriff vom Natürlichen giebt uns ohne Zweifel dasjenige Stück, auf welchem spinnende Weiber vorgestellt werden. Man findet hierauf seinen letzten Stil, und eine Manier, daß es das Ansehen hat, als hätte an der ganzen Ausführung dieses

Wer-

Werkes die Hand keinen Antheil gehabt, sondern nur der Wille den Pinsel geführet, in welcher Art dieses Stück ganz außerordentlich ist. Nebst den angeführten Malereyen des Velasquez sieht man noch einige Arbeiten in dem letzten Stil dieses Künstlers, welcher unstreitig sein beßer war.

Ribera ist bewunderungswürdig in Nachahmung der Natur, in der Stärke des Hellbunklen, in Führung des Pinsels, und in der Art, auch die zufälligen Dinge, als Runzel, Haare u. s. w. anzuzeigen. Sein Stil ist durchaus kräftig, aber nicht in dem Grade, in welchem Velasquez die Kenntniß vom Licht und Schatten erwiesen hat; denn es fehlt die richtige Gradation, und die umgebende Luft, wiewohl das Kolorit lebhafter, und kräftiger ist, wie man sich aus den vier Stücken überzeugen kann, die über den Thüren stehen.

Von Murillo haben wir in dem nämlichen Zimmer Malereyen in zwo verschiedenen Gattungen des Stils. Im ersten Stil

Stil sind zwey Stücke zu sehen, das eine von der Menschwerdung, das andere von der Geburt des Erlösers; beyde, vorzüglich aber das letztere, sind stark, kräftig, und der Natur getreu ausgeführt, ungeachtet er sie eher verfertiget hatte, als er sich noch das Süße eigen machte, welches seinen zweyten Stil auszeichnet. Man nimmt denselben auf anderen Malereyen in eben diesem Zimmer wahr, besonders auf einem kleinen Bilde von der Vermählung Mariä, und auf einem sehr schönen Stücke, so den heil. Jakob bis halben Leib vorstellt, und im Nebenzimmer zu sehen ist.

Im königlichen Konversationszimmer ist ein fürtreffliches Werk von D. Diego Velasquez, das Bildniß der Infantinn Margaretha von Oesterreich. Da dieses Werk seiner Fürtrefflichkeit wegen allenthalben berühmt ist, so werde ich nur aumerken, daß die Wirkung, welche durch die Nachahmung des Natürlichen hervorgebracht wird, allgemeinen Beyfall erhält,

beson-

besonders, wenn die Schönheit nicht das Hauptverdienst des Gemäldes ist.

Ich übergehe hier eine Menge fürtrefflicher Stücke von Titian, die durch alle Zimmer des Palastes vertheilt sind, um auf das prächtigste Werk von Velasquez zu kommen, welches Philipp den vierten zu Pferde vorstellt. Hier erregt alles Bewunderung, das Pferd sowohl, als das Bild des Königs, und selbst die Landschaft ist in einem höhern Geschmacke. Aber über alles ist die leichte und kühne Manier im Kopfe des Königs, an welchem die Haut gleichsam zu glänzen scheint. Ueberall auch an den Haaren, die ausnehmend schön sind, zeichnet sich die größte Leichtigkeit aus. Ein anderes Werk dieses Künstlers, worauf der Herzog von Olivarez vorgestellt wird, giebt diesem Bildnisse des Königs in keinem Stücke nach.

Noch muß ich ein sehr schönes Werk dieses Meisters anführen, auf welchem die Uebergabe eines Platzes vorgestellt wird. Es stand anfänglich im Landstände-

saale, nun aber ist es in dem Speisezimmer der Prinzen von Asturien. In diesem Stücke findet man alle die Vollkommenheit, deren der Inhalt desselben nur fähig war, und man sieht nichts, nur den Schaft der Lanzen ausgenommen, so nicht ganz meisterhaft ausgeführt wäre. In eben diesem Zimmer sind auch die Bildnisse der Donna Margaretha von Oesterreich, und des Infanten zu Pferde, beyde von Velasquez in seinem vollkommensten Stil, nebst einigen andern Stücken von der Hand dieses Künstlers.

In dem Zimmer, wo sich der Prinz ankleidet, befinden sich drey schöne Stücke von Ribera, deren das eine den heil. Hieronymus, das andere den heiligen Benedikt vorstellt; beyde sind einander gleich, und im besten Stil dieses Künstlers gemalet: Vornehmlich aber zeichnet sich in beyden eine sehr schöne Manier des Pinsels, eine genaue Nachahmung der Natur, und ein erhabener Ausdruck im Angesichte des heil. Benedikts aus. Das dritte stellt

stellt die Marter eines Heiligen vor: auch dieses ist fürtrefflich, aber in einem stärkern Stil ausgeführt.

Es wäre überflüssig, alle Malereyen von Rubens, und seiner Schule anzuführen, wovon eine Menge im Palaste ist. Ein Stück ist merkwürdig, so die Anbetung der drey Könige schildert, ohne Zweifel eines der besten Werke dieses Künstlers. Er hat es in Flandern, und zwar in seinem besten Stil gemalt: als es hernach in Spanien kam, setzte man noch ein Stück Leinwand an, um das Bild zu vergrößern, und mehr Figuren anzubringen, worunter doch das Wesentliche von seiner Hand ist. Dieses Stück hat alle Schönheiten, deren der Künstler in historischen Schilderungen fähig war, und selbst die Zeichnung ist nicht sehr unrichtig.

Unter Vandyks vielen Stücken, ist ein vorzüglich schönes, so alle Aufmerksamkeit verdient. Es stellt die Gefangennehmung des Erlösers im Garten vor, und ist in einem hohen Geschmacke; das Kolorit aber so gut, als es bey einem Nachtstücke nur immer seyn kann. Noch ein anders auch fürtreffliches Stück zeigt den Kardinal Infanten Bruder Philipps des vierten bis halben Leib: die Wahrheit sowohl, als das Kolorit ist bewunderungswürdig, und die Tokirung ungemein leicht, rein und weich.

Die Werke von Lukas Giordano sind beynahe unzählig. Man kann von diesem Künstler sagen, daß keine seiner Arbeiten schlecht ist, indem man überall guten Geschmack findet. Aber bey erhabneren Gegenständen, die andere berühmte Männer aus den Schulen Italiens ausgeführt hatten, blieb er immer zurück. Andererseits hat er es auch in keiner Sache bis zur Vollkommenheit gebracht. Daher kömmt es, indem man von dem Stil dieses Künstlers nicht das Geringste hinwegnehmen darf, ohne auf das Mittelmäßige in der Malerey herabzusinken, daß alle seine Nachahmer in diese Grube fallen. Die Malereyen des Lukas Giordano kann man

über-

überhaupt in zwo Gattungen theilen; ungeachtet er bald jenem Künstler nachgeahmet hat. Einige seiner Werke haben ein kräftiges Kolorit, worinn er seinem ersten Lehrmeister Ribera nachahmte, in dessen Stil er auch anfänglich gearbeitet hat. Größtentheils aber, und mehr seinem Genie gemäß hat er, wie man auf seinen meisten Stücken wahrnimmt, die Art des Peter von Kortona angenommen. Diesen Stil hat die prächtige Freskomalerey im Landhause, und viele andere Stücke im königlichen Palaste. In seinen andern Werken, die er nachmals zu Madrid verfertigte, wich er etwas von diesem Stil ab, indem er Figuren in der Manier des Paul Veronese gekleidet darunter mengte, und die Tinten sammt dem Hellbunklen verminderte, so daß er endlich auf eine schwerfällige Manier gerieth. Ein Beyspiel davon haben wir in diesem Palaste an Salomons Geschichten, die nach den Malereyen im Eskurial verfertiget wurden.

Unter

Unter den im Palaste aufgestellten Malereyen sieht man eine Mutter Gottes bis halben Leib, mit dem Kinde Jesu, und dem heil. Johann, die von einigen für Raphaels Arbeit gehalten wurde: Und in der That ist das Kind beynahe ganz von diesem Künstler entnommen. Das Fleisch, und die Figuren selbst sind etwas röthlicht, der Grund, und die Landschaft fällt ins Himmelblaue, das Kleid der Mutter ist fleischfärbig aus Karmin, und sehr hell, der Mantel dunkelblau; Merkmale von Raphaels Arbeiten. Wer also mit Raphaels wesentlicher Schönheit bekannt ist, hält es für eine Nachahmung dieses großen Künstlers. Andere Stücke von Giordano, die noch im Palaste vorkommen, sind im venetianischen Stil, doch so vollkommen nicht, als wohl einige dafür halten.

Als Werke von großer Achtung könnte man hier einige Malereyen des Tintoreto, des ältern Palma, und Jakobs Bassan anführen: aber sie werden nach meinem Ur-

Urtheile von den Werken des Paul Vero＊
nese verdunkelt, und noch vielmehr von
jenen des Titian, die er in seinem besten
Stil gemalt hat. Diesem Künstler ist ge＊
wiß keiner in der Wissenschaft, und in der
Vollkommenheit des Kolorits zuvor, oder
nur gleichgekommen. In diesem Theile
der Kunst sind seine Malereyen so für＊
trefflich, daß man seine Kunstgriffe nicht
einmal erkennen kann, weil man durchaus
bloße Wahrheit zu sehen glaubt. Es hat＊
te Titian vorzüglich eine große Leichtigkeit
den Pinsel zu führen, ohne jedoch ins
Nachläßige zu fallen: im Gegentheile sind
seine Tokten wie hingezeichnet. Die Wir＊
kung, und die Stärke des Helldunklen be＊
steht auf seinen Malereyen nicht in einer
Dunkelheit des Schattens, und Helle des
Lichts, sondern in der geschickten Anord＊
nung der eigentlichen Lokalfarben.

Alle diese Eigenschaften zeigen sich auf
einem sehr schönen Bachusfeste, worauf
die Figuren und das Drittheil über die
natürliche Größe sind. Itzt wird diese

Ma＊

Malerey im Kabinette der Prinzeßinn aufbewahret. Ein jedes Stück einzeln, und alle zusammen betrachtet, sind in diesem Gemälde so schön, daß es eine sehr weitläuftige Arbeit seyn würde, sie alle nach der Reihe zu beschreiben. Nur so viel kann ich sagen, daß ich dieses Stück nie sehen kann, ohne auf dem Vorgrunde ein schlafendes Weib zu bewundern, indem es mir immer so neu erscheint, als ob ich es nie noch gesehen hätte. Das Kolorit dieser Figur ist heller, als es Titian immer zu halten pflegte; die Gradation der Tinten aber so bewunderungswürdig, daß es in meinen Augen von dieser Art nichts fürtrefflicheres in der Welt giebt. Man kann keine von der andern unterscheiden, wenn man sie nicht mit aller Aufmerksamkeit mit einander vergleicht. Eine jede für sich scheint Fleisch zu seyn, und dennoch ist die unendliche Verschiedenheit derselben dem Begriffe eines einzigen Tones untergeordnet. Bey allen Figuren, und bey einer jeden insonderheit ist die Lokaltinte

tinte des verschiedenen Fleisches auf das richtigste unterschieden, und selbst am Gewande sind die Farben ausnehmend schön. Geht man zu Nebendingen über, so zeigen die hellen Wolken des Himmels, das Grün der verschiedenen, und schattenreichen Bäume, der Boden mit weichen Kräutern bekleidet, und die ganze Zusammensetzung von einem ungemeinen Geiste, ohne jedoch der vollkommenen Nachahmung der Natur zu schaden.

Ein beynahe gleich großes Stück, so ein Fest der Kinder vorstellt, welche mit abgepflückten Baumfrüchten spielen, ist von einer bewunderungswürdigen Schönheit, in einem vollkommenen Stil, und wie es scheint mit dem vorhergehenden zu gleicher Zeit gemalt worden. Man erstaunt über die Verschiedenheit der Kinder, und die merkliche Abwechslung der Haare der Ziegen, die fast alle schwarz, und lokigt sind. Ueber alles aber ist nebst der genauen Ausarbeitung die sehr künstliche Gradation der Tinten, welche nach

und

und nach bey entfernten Gegenständen sich endlich verlieren.

Diese beyden Stücke waren zu Rom im Palaste Ludovisi, und wurden nachmals dem Könige in Spanien verehret Nach eben diesem, wie Sandrart berichtet, studierten Dominichino, Poussin und Fiammingo die Kunst, schöne Kinder vorzustellen. Albano brachte in seinen Werken eine kleine Gruppe von diesen Kindern an, wie sie eben tanzen. Noch stehen hier im Palaste zwo Kopien dieses Stückes von Rubens. Man kann sie mit der Uebersetzung eines Buches ins Flammändische vergleichen, in welcher die Gedanken zwar beybehalten wurden, aber alle Grazie verloren gieng.

Man sieht noch viele andere Malereyen von Titian; aber alle von geringerem Werthe, und einige im hohen Alter gemalt, als er wegen Blödigkeit des Gesichtes seinen Pinsel nicht mehr mit so viel Reinigkeit führte; wiewohl die Tinten noch immer fürtrefflich sind. Es ist

für die Kunst nicht wenig nachtheilig, daß Titian so viele Werke dieser Art nur nachläßig ausgearbeitet hinterließ; denn dadurch geschah es, daß viele Maler seine Manier annehmen wollten, ohne zu bedenken, Titian habe mit großer Anwendung nach den besten Grundsätzen der Kunst studiert, wiewohl seinen größten Werth das Kolorit ausmacht, worinn er alle hinter sich ließ.

Von Correggio kann ich nur wenige Stücke anführen. Gleichwie aber eine jede Malerey die ganze Zauberkraft der Kunst enthält, so werden zwey seiner Werke, die hier vorhanden sind, mehr als genug seyn, einen zureichenden Begriff von der Größe dieses Künstlers zu geben. Eine Mutter Gottes, wie sie das Kind Jesu ankleidet, mit dem heil. Joseph, scheint auf die Art eines kleinen Entwurfes gemacht zu seyn: So wesentliche Verschiedenheiten hat der Künstler in die Handlungen des Kindes, und seiner Mutter gelegt. Man erstaunt, daß eine

E nicht

nicht gar zwo Spannen hohe Figur in einer beträchtlichen Entfernung so eine Wirkung thut, die den kleinen Raum des Bildes weit übersteigt. Es liegt diese Wirkung nicht sowohl in einer außerordentlichen Stärke des Helldunklen, als vielmehr in den unmerklichen Mitteltinten, durch welche der Uebergang vom Lichte zum Schatten geschieht, und in einem sonderbaren Kunstgriffe, das eine sowohl, als das andere zu behandeln, wodurch Rundung und Formen in einer so schönen Manier herausgebracht werden, daß man beynahe zweifelt, eine flache Tafel vor sich zu haben.

Wenn Titian in seinen Tinten und Lokalfarben außerordentlich war, so ist hingegen Corregio zwar in diesem Stücke so groß nicht, aber unendlich größer in seiner besondern Erhebung bey Ein- und Ausbiegungen der Körper, und ihrer Theile, so wie auch in der Luftperspektiv, nicht nur in Absicht auf die Gegenstände, welche durch Hülfe des Helldunklen nach ihren Entfernungen richtig abnehmen, sondern auch wegen einer gewissen Einsicht in die Beschaffenheit der Luft. Denn, da die Luft, wenn sie beleuchtet wird, mehr oder weniger durchscheinend ist, so theilt sie den Körpern im Durchzuge ihr Licht an jenen Theilen mit, an welche der Hauptstral nicht dringen kann, und bildet gleichsam ein umgebendes Licht, wodurch wir Gegenstände auch im Schatten unterscheiden, und ihren Abstand von einander erkennen. Auf diesen Theil haben sich die alten Griechen vollkommen verstanden, wie wir auch an den mittelmäßigen Malereyen des Herkulanums wahrnehmen, woraus wir schließen können, daß er damals ein allgemeiner Lehrsatz der Schulen war. Unter den neuern Malern haben sich in diesem Stücke Coregio, Velasquez und Rembrandt besonders hervorgethan.

Auf unsere Gemälde wieder zu kehren, so ist das Kind Jesu ein vollkommenes Werk, nicht nur wegen des Hell

E 2 dunklen,

dunklen, sondern auch wegen des Kolorits, der Farbenauftragung, der Zeichnung, und der höchsten Grazie. Corregio verstand sich sehr wohl auf Verkürzungen, und wußte die Umrisse selbst aus den Formen der Körper herauszubringen; eine Sache, die überaus schwer ist, und worinn kein anderer Künstler gleiche Stärke hatte, nur Michael Angelo, und Raphael ausgenommen. Die Griechen hielten diesen Theil der Malerey für ungemein schwer, wie Plinius im 35. B. 10. Kap. berichtet.

Und in Wahrheit, ungeachtet es ohne Zweifel sehr schwer ist, Körper, und ihre Mitteltheile zu malen, so haben sich dennoch hierinn viele Künstler hervorgethan; hingegen die Aussentheile der Körper zu bilden, und einer Malerey das Ansehen zu geben, daß sie sich durch Hülfe der Rundung zu verlieren scheint, ist eine Sache, die Künstlern nur selten gelingt; weil eben diese Aussentheile sich selbst verschlingen, und auf eine Art endigen müssen,

sen, welche noch andere Theile hinter sich verspricht, und auch das, was verborgen, und bedeckt ist, schauen läßt.

Das andere Stück, so des Herrn Gebet im Garten vorstellt, ist zwar klein, aber ausgeführt, und wohl überdacht. Auf den ersten Anblick sieht man nur den Erlöser mit einem Engel, und um sie herum eine hellere Luft, da alles übrige in Schatten der Nacht gehüllt ist. Allein, wenn man es genauer betrachtet, so findet man die umgebende Luft sammt der Gradation wunderbar ausgedrückt, gerade, wie es sich natürlich in einem nur wenig erleuchteten Mittel äußert, da wir die näheren Gegenstände kennen, in dessen sich die entfernteren dem Auge entziehen. Die heran kommen, den Heiland zu ergreifen, kann man nicht unterscheiden, auch sind die Bäume nicht deutlich entworfen, bis auf den Platz, wo sich die Apostel befinden: hier fängt man an, Blätter und Aeste, und selbst das weiche Gras zu unterscheiden, dann einen Baum-

kloz mit der Dörnerkrone, und ein Kreuz in die Erde gesteckt, genau in dem Maaße, nach welchem sie sich dem Hauptlichte nähern. Der Glanz im Angesichte des Erlösers beleuchtet das ganze Stück; er selbst erhält es von oben, wie vom Himmel herab, und wirft es zurück auf den Engel. Der Begriff ist sehr richtig, schön, und mit der höchsten Vollkommenheit ausgeführt, deren allein dieser Künstler fähig war.

Diese Stücke befinden sich nun in ebendemselben Kabinette der Prinzessinn von Asturien, wo Titians zuvor beschriebene Malereyen sind. Allda sieht man auch ein Stück von Leonard da Vinci in seinem fleissigsten Stil. Ein anders stellt zween Knaben vor, die mit einem Lämmchen spielen; so aber nicht sehr gut ausgeführt ist, und noch ein anders mit dem jugendlichen Haupte des heil. Johannes: Aus diesen Malereyen erkennet man das große Studium dieses Künstlers, so er auf die Kunst verwendet hat, vom helle-
sten

sten Lichte bis zum dunkelsten Schatten überzugehen: beynebens entdeckt man hier eine gewisse muntere, und lächelnde Grazie, welche vermuthlich dem großen Corregio den Weg zu jener Grazie gebahnet hat, die alle seine Werke auszeichnet.

Noch findet man in diesem Kabinette einige Malereyen, die man für Raphaels Arbeiten hält. Von seiner Erfindung ist eine heilige Familie mit Figuren von halber Leibesgröße, vermuthlich eines aus den Werken, die Raphaels Schüler nach dessen Zeichnung ausgeführet haben. Die Zusammensetzung ist ganz so, wie in dem berühmten Werke zu Florenz, so unter dem Namen Maria della Seggiola bekannt ist. Der Unterschied ist, daß diesem Bilde, wovon wir reden, die Figur des heil. Johannes fehlt, und seine Form viereckigt ist, da hingegen jenes zu Florenz rund ist, und die Figuren beynahe die natürliche Größe haben. Auch dieses Bild im königlichen Palaste verräth größtentheils Raphaels Pinsel, aber nur als eine Skizze, nicht als ein ausgeführtes Stück. Vorzüglich ist der Frauenkopf ganz sein, und wie seine besten Werke voll Geist und Leben.

Aber wie werde ich das ausnehmend schöne Werk, so unter dem Namen Spasimo di Sicilia bekannt ist, je genug, und nach seinem Verdienste beschreiben können. Sie wissen, daß es Raphael in Rom gemalt, und nach Sicilien für die Kirche Madonna dello Spasimo geschickt hat. Es gieng, wie Vasari berichtet, im Meere unter, aber man erhielt es unbeschädigt wieder. Alle ächte Kenner haben es jederzeit überaus hochgeschätzt, und Augustin von Venedig in Kupfer gestochen, ohne einen Begriff von dessen Schönheit zu geben. Graf Malvasia redet mit Verachtung davon, aber seine eigenen Schriften verrathen das seichte Urtheil über den Vorzug der Malereyen, und seine Leichtgläubigkeit gegen Berichte anderer Künstler, wenn man doch Leute
für

für Künstler halten kann, die unfähig sind, dieses großen Mannes Verdienst, und die wahren Gründe einzusehen, aus welchen Kunstwerke geschätzet werden müssen.

Ich halte es für eine unleugbare Wahrheit, daß das edelste in der Malerey nicht in dem besteht, was bloß das Auge reizt; denn aus diesem Grunde mögen Kunstwerke nur Leuten gefallen, die ganz nichts von der Kunst verstehen; sondern daß vielmehr jene Theile in der Malerey die vorzüglichsten sind, welche den Verstand befriedigen, und Männern Vergnügen schaffen, die ihre Seelenkräfte anzuwenden wissen. Wenn es nun so ist, wie ich dessen vollkommen überzeugt bin, so ist Raphael ohne Zweifel der größte aus allen Malern, deren Werke bis auf unsere Zeiten gekommen sind. Die Erfindungen und Gedanken in seinen Malereyen geben uns gleich beym ersten Anblicke den vollen Begriff, welchen er in dem Verstande seiner Zuschauer her-

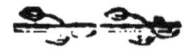

vorbringen wollte. Es mag sein Stoff ruhig, oder stürmisch, heftig, oder zärtlich, fröhlich, oder traurig seyn; er wird nie etwas enthalten, so dem Begriffe zuwider wäre, welcher allezeit den Stoff vollkommen anzeigt: dadurch rührt er unsere Seele, und schafft sich über dieselbe eben so viel Ansehen und Gewalt, als immer die Dichtkunst und Redekunst. Beynebens sieht man in allen seinen Figuren deutlich ausgedrückt, was der Handlung, in welcher sie geschildert werden, vorhergieng, und man erräth gleichsam, was sie sogleich darauf thun müssen. Niemals wird man ganz geendigte Handlungen sehen, sondern alle Figuren zeigen sich in einem Zeitpunkte, welcher entweder dem Anfange, oder dem Ende einer Handlung nahe ist. Daher erhalten sie so viel Leben, daß sie, etwas genauer betrachtet, sich gleichsam zu bewegen scheinen. Wollen wir nun gegenwärtiges Gemälde nach allen angeführten Theilen untersuchen, so werden wir ohne Mühe finden,

den, daß, wenn Raphael nicht immer in seinen Werken gleich groß war, man sicher annehmen könne, dessen einzige Ursache müsse in der Mannigfaltigkeit seiner Schönheiten aufgesucht werden.

Sie begreifen schon, daß der Stoff dieser Malerey aus der Schrift genommen sey. Als Christus das Kreuz nach dem Berge seines Leidens zog, brachen die Frauen, alsbald sie ihn sahen, in laute Klagen aus: Er aber sprach im prophetischen Geiste, sie sollten nicht über ihn, sondern über ihre Kinder trauren, wodurch er den künftigen Sturz Jerusalems vorhersagte. Raphael, dieser Komposition mehr Annehmlichkeit zu verschaffen, ließ in einer Entfernung den Marterberg schauen, wohin ein krummer Weg führt, der sich zur Rechten vom Thore hinüberdreht. Dort, wo sich dieser Weg seitwärts wendet, stellet der Künstler den ersten Fall des Erlösers vor, welchen ein Gerichtsdiener mit dem Seile, woran er gebunden ist, wieder einherzieht.

Weil

Weil das Gemälde für die Kirche der schmerzhaften Mutter bestimmet war, kann man vermuthen, der Vorsteher dieser Kirche habe verlanget, daß der Maler die Mutter Jesu mitanbringe, wiewohl es auch sein eigener Einfall gewesen seyn mag. Was es immer ist, so wußte sich Raphael in alle Gelegenheiten so wohl zu finden, daß er einen jeglichen Stoff auf die edelste, anständigste und bedeutendste Art behandelt hat.

Da er in diesem Stücke die Mutter eines Sohnes zu schildern hatte, der eben zum Tode geführt, und von Gerichtsdienern äußerst mißhandelt wird, so wählte er die unglücklichste Lage einer Mutter, die um ihrem Sohne einige Linderung zu schaffen, sich in der unvermeidlichen Nothwendigkeit findet, die unverschämte Rotte zu bitten, daß sie doch Erbarmen mit ihm haben. In dieser Lage schilderte er die Mutter Jesu. Sie knieet eben, ohne ihrem Sohne anzusehen, dem sie durch sich nicht helfen konnte: aber durch den

Aus-

Ausdruck der bringendsten Bitte giebt sie zu erkennen, es möchte doch der Gerichtsdiener ihren niedergesunkenen Sohn mitleidig empor richten. So demüthigend auch diese Handlung für eine Gottesmutter ist, so wußte doch Raphael Hoheit hineinzubringen, da er den heil. Johann, die Magdalene, und die andern Marien zu ihrem Dienste umher malte, wie sie eben zu Hülfe kommen, und dieselbe unter den Armen stützen.

An allen diesen Personen entdeckt man die größte Betrübniß über das Leiden des Heilands, vorzüglich aber an Magdalene, welche mit Jesu gleichsam zu reden scheint, indessen Johannes die heilige Mutter unterstützt. Jesus Christus liegt zwar zu Boden, aber nicht kraftlos, und niedergeschlagen, sondern gemäß dem Evangelium mit der Mine eines Drohenden. Beynahe unbegreiflich ist in diesem Stücke die Hoheit, und Schönheit seines Angesichtes, so sie wie vom prophetischen Geiste angeflammt ist. Dieses stimmt voll-

kom-

kommen mit dem Stoffe der Malerey zusammen, sowohl in Absicht auf die Person, welche auch im Leiden noch Gott ist, als auch in Beziehung auf Raphael, der nie einen Gegenstand, dessen Charakter edel seyn sollte, durch einen niedrigen Zug abgewürdiget hat. Die Handlung der ganzen Figur ist belebt und edel: ganz ausgedehnt ist der linke Arm, welcher sich auf einen Stein mit seiner überaus schönen Hand stützet: auch die Falten seines Aermels entdecken den eigentlichen Zeitpunkt der Handlung, indem es scheint, als hiengen sie gleichfalls in der Luft, und wären noch nicht ganz nach der Richtung ihrer eigenen Schwere gesunken. Mit der Rechten ist Jesus bemühet, sein niederschwerendes Kreuz zu umfassen, gleich als ob er es nicht von sich lassen, sondern vielmehr emporheben wollte: Ein Gedanke, welcher allerdings des großen Raphaels würdig ist, indem er durch eine Handlung, die vielen ganz gleichgültig scheinen wird, den Zuschauer erinnert,

nert, daß Jesus leide, weil er es wollte.

Nicht weniger bewunderungswürdig ist die Verschiedenheit des Ausdrucks, in welchem er die Gerichtsdiener vorstellte, und zu erkennen gab, daß sich auch unter bösen Leuten noch vorzügliche Bösewichter auszeichnen: Die im Rücken gestellte Figur, welche den Heiland mit dem Stricke emporzieht, scheint kein anders Vergnügen zu haben, als das unmenschliche Verlangen, mit dem Leidenden bald den Marterplatz zu erreichen. Der andere Gerichtsdiener, welcher einigermaßen das Kreuz hält, scheint wie vom Mitleiden gerührt zu seyn, gleich als wollte er dem Heilande Linderung schaffen. An der Seite steht ein Soldat, welcher das Kreuz Jesu faßt, und emporhebt, indessen er mit der Lanze drohet, und seine größte Bosheit dadurch äussert, daß er den schon gefallenen Erlöser noch zum Ueberflusse niederdrücken will.

Alle diese Betrachtungen gehören eigentlich zur Erfindung, welche, die Wahrheit zu sagen, einer Malerey Werth, und Adel ertheilt, und den starken Geist des Künstlers zu erkennen giebt; so daß der Mann, welcher in diesem Stücke gleich fürtrefflich, wie Raphael, ist, den Namen eines großen Mannes eben so sehr verdient, als ihn die besten Dichter und Redner verdienen. Man muß aber wohl in Acht nehmen, was ich von der Vollkommenheit der Erfindung sage; denn es besteht dieselbe nicht bloß in einem schönen Koncepte, oder in was immer für einem eigenen, und guten Gedanken, sondern in der Einheit der ausgeführten Idee, welche den Verstand des Künstlers gleich Anfangs eingenommen, und beschäftiget hat. Daher muß auch der Zuschauer diesen Begriff des ersten Entwurfes immer vor Augen haben, und bis auf den letzten Pinselstrich verfolgen, als durch welchen am Ende des Werkes die Einheit erhalten wird.

Vielen

Vielen andern Künstlern, die der Haufe der Kunstliebhaber, und der Malerpöbel für erfinderisch hält, waren gemeiniglich die nun angeführten Theile, welche Raphael eigen sind, gänzlich unbekannt. Daher sie in allen Fällen Erfindung und Zusammensetzung durch einander mengten: Unterdessen besteht in der Erfindung allein die wahre Poesie des Stückes, so sich der Maler in seiner Einbildung entworfen hat, und folglich ist die Vorstellung so, als ob er die Begebenheit mit den Personen, welche er sich in seiner ersten Idee, oder in die Poesie des Stückes vorgezeichnet, entweder schon vormals gesehen, oder eben itzt vor seinen Augen hätte.

Die Zusammensetzung hingegen, und die Anordnung besteht in der Austheilung jener Gegenstände, die sich der Künstler durch seine Erfindung gleichsam zubereitet hat. Eine Zweydeutigkeit, die sich in Malerschulen einschlich, und bey Liebhabern festsetzte, führte zu der irrigen

gen Meinung, daß Erfindung, und Zusammensetzung keine wichtigere Absicht habe, als durch Mannigfaltigkeit der Gegenstände, durch verschiedene Richtungen und Kontraposten ein Stück angenehm, und fürs Auge reizend zu machen: Eine Meinung, wobey die edlere Kunst, welche eigentlich zur Erfindung gehöret, nämlich Bedeutungen vorzustellen, ganz vergessen wird.

Einige Unwissende wagten es zu behaupten, daß Raphael kein Erfinder wäre; denn sie erhielten etwa ungefähr ein Madonnenbildchen zu Gesichte, ohne je die prächtigen Werke im Vatikan, oder jene nach der Apostelgeschichte gesehen zu haben. Von diesen letztern, die Raphael zu Tapeten erfunden hat, kann man eine vollständige Sammlung in Madrid bey dem Herzoge von Alba sehen, und untersuchen. Wenn aber auch Jemand keine Gelegenheit hätte, weder diese Stücke, noch irgend einige Abdrücke von Raphaels Werken zu sehen, so könnte ihn das einzige

zige Gemälde, wovon wir itzt reden, von dessen Fürtrefflichkeit in diesem Theile der Kunst vollkommen überzeugen. Wer verstand sich besser auf das Gleichgewicht in Zusammensetzungen, auf das Pyramidalische der Gruppen, auf den Kontrast der Glieder bey abwechselnden Bewegungen der Figuren, und auf die unendliche Mannigfaltigkeit der Stellungen, so daß seine göttlichen Werke in allen ihren Theilen wie belebt zu seyn scheinen? Wer wußte endlich besser, die auf eine Geschichte passende Zahl der Figuren richtig zu bestimmen, und also zu vertheilen, daß keine müssig oder unnütz blieb? Wenn er nur selten, und dann auch mit Mäßigung von einigen gewaltsamen Bewegungen Gebrauch machte, so geschah es nur des Ausdrucks wegen, um die Lage der Seele an Personen, die er schilderte, vor Augen zu stellen, indem es nicht wahrscheinlich ist, daß ein Mann beym ruhigen Denken ebendieselbe Gebärde, wie im Kämpfen, Laufen, oder Gehen annimmt.

nimmt. In einer guten Zusammensetzung muß man das Edle und Niedrige, das Alte und Jugendliche, und alle die Verschiedenheit einer natürlichen sowohl, als zufälligen Lage unterscheiden, wie man dieß in Raphaels Werken als eine Eigenschaft wahrnehmen kann, die der Erfindung untergeordnet ist.

Die Zeichnung, das wirksamste Mittel, so ein Maler hat, die Begriffe seines Verstandes auszudrücken, ist in diesem Werke Raphaels, so wie in allen seinen übrigen Gemälden von einer vorzüglichen Schönheit: Und wenn er nicht die ganze Schönheit griechischer Statuen erreichet hat, so liegt die Ursache einerseits in dem verschiedenen Kostume der Zeiten, in welchen Raphael, und in welchen die Griechen gelebt haben, und andererseits in den so mannigfaltigen Gelegenheiten, und Vorwürfen, in denen er seine Talente geprüfet hat. Hätten die alten Griechen einen Gerichtsdiener an die Seite des Erlösers zeichnen müssen, so würden sie

sie denselben weder besser, noch in einer andern Manier gezeichnet haben, als auf diesem Werke der Diener, welcher uns den Rücken zukehrt, zu sehen ist. Raphael dachte gar wohl, wie ungereimt es wäre, auch die Proportion eines niedrigen Menschen unverletzt, so eine zierliche Figur, als jene des borghesischen Fechters hinzustellen, die mehr Bewunderung, als selbst Christus erregen würde: So zeigt die Kirche des heil. Gregorius in der Andreaskapelle zu Rom jenes berühmte Werk von Dominichino, an dem alle Zuschauer mehr den Gerichtsdiener, welcher den Heiligen geißelt, als selbst den Heiligen, die Hauptfigur des Stückes, bewundern. Dieser Fehler ist allen berühmten Malern vom Anfange des siebzehnten Jahrhunderts bis auf unsere Zeiten gemein. Will jemand auch aus Alterthümern Beyspiele haben, daß nicht immer schöne Charakter gewählet wurden, so kann er sich des Schleifers zu Florenz erinnern: In dieser Figur wird man vergebens den

86

Charakter der Ringer, oder Silens, oder des borghesischen Fechters aufsuchen, sondern vielmehr finden, daß sie weit unter der Schönheit gedachter Figuren ist.

Wer den Stil in Raphaels Zeichnung sowohl auf diesem, als auf andern seinen Werken genau untersuchen will, wird in selben den Geist der Alten antreffen; denn er hat die wesentlichsten Theile im Baue des menschlichen Körpers nicht nur aufs richtigste begriffen, sondern auch mit aller Deutlichkeit und Bestimmtheit hingezeichnet, indessen er überflüssige, und unbedeutende Dinge gleichsam unbemerkt ließ. Allein, was an Raphaels Zeichnung die größte Bewunderung verdient, ist in seinen geschilderten Personen die genaue Uebereinstimmung ihres Charakters mit der Handlung, worinn sie vorgestellt werden, so daß man wirklich Menschen zu sehen glaubt, die nicht zufälliger Weise, sondern aus wahrem innerlichen Triebe thun, was sie Raphael thun läßt: Und
dieses

dieses läßt sich nicht nur aus den Gesichts-
zügen, woraus man insgemein auf den
Zustand des menschlichen Geistes zu schlies-
sen pflegt, sondern auch aus der Form
des ganzen Körpers, und aller seiner Theile entdecken.

In der Figur, welche den Rücken zukehrt, schilderte er einen vierschröttigen, un-
gestalteten Menschen, wie insgemein rohe
und dumme Leute sind, und gab ihm eine
verhältnißmäßige Handlung zu, ohne eine
besondere Empfindung auszudrücken: Hingegen drückte er in den zwo andern Figuren die Empfindung der Seele auf ihren Angesichtern aus, und gab ihren
Körpern ein zierliches Verhältniß. Vor
allem aber verdient hier bemerkt zu werden, wie schicklich der Künstler in dem
Erlöser die höchste Schönheit des Ange-
sichts mit dem lebhaftesten Ausdrucke vereiniget habe, ohne dem Regelmäßigen
und Edlen dieser Gesichtsbildung nur am
geringsten nachtheilig zu seyn. Alle wesentlichen Theile an den Knochen und
Mus-

Muskeln sind angezeiget, aber mit einer solchen Delikateſſe, daß dadurch dem Großen der vorzüglichsten, Formen nicht das Geringste entgeht. Eben derselbe Charakter ist an dem Halse, ist an der Hand sichtbar, worauf er sich stützt; und ungeachtet diese Handlung das Fleisch drückt, so daß Knochen und Gelenke gleichsam verborgen bleiben, so stimmt dennoch der Umriß des Daumens, und der übrigen Finger so genau mit dem Charakter des Kopfes zusammen, als ob dieses Werk unter den Händen der berühmtesten Künstler Griechenlands entstanden wäre, welche sich vorgenommen hätten, zwischen jenen des Jupiter, und jenem des Apollo einen Mittelcharakter aufzustellen, so wie in der That der Charakter des Erlösers seyn soll, dem nur noch der zufällige Ausdruck seines Leidens, worinn er geschildert wird, zugesellt werden muß.

Ich werde hier nicht weitläuftiger anzeigen, wie sehr jeder Pinselzug seine fürtreffliche Einsicht in die Verkürzungen und

Um-

Umriſſe verrathe, die ſich gleichſam einen hinter dem andern gemäß dem Augpunkte verbergen, auf eine Art, welche den aufmerkſamen Zuſchauer täuſcht, daß er an verſchiedenen Orten gleichſam tiefer hinein hinter der Oberfläche des Gemäldes zu ſchauen glaubt. An den Köpfen iſt die Rundung aller Theile ſowohl nach der Handlung, als nach dem Geſichtspunkte in Raphaels eigener Manier ausgeführt. Es würde zu lange werden, wenn ich bey jeder kleinen Bemerkung, bey jeder fürtrefflichen Eigenſchaft, die man ſo häufig in dieſes berühmten Künſtlers Malereyen antrifft, ſtehen bleiben wollte. Ueberhaupt, wenn etwas in ſeinen Werken vorkömmt, ſo nur mittelmäßig ausgeführt iſt, müſſen wir immer den Schluß machen, daß es das Werk eines ſeiner Schüler iſt: Denn da er ſich auf dieſelben mehrmals wegen gehäufter Arbeiten nothwendig verlaſſen mußte, ſo kann man ſolche Werke unmöglich für die ſeinigen anſehen.

Nachdem wir nun diejenigen Malereyen dieses königlichen Palastes, welche in Ansehung des edleren Theils der Kunst von einem hohen Werthe sind, und Stoffes genug zu tiefsinnigen Betrachtungen über die Kunst geben, genau durchgegangen haben, so wollen wir zur Betrachtung einiger fürtrefflichen Malereyen im leichten Stil schreiten, in welchem man alle Schwierigkeiten abgekürzet hat, ohne jedoch die Einheit einer allgemeinen, richtigen, und wohl entworfenen Idee außer Acht zu lassen. Ich rede von den schönen Werken des Lanfranko, unter welchen das Leichenbegängniß eines Kaisers sammt dem Fechterkampf am Trauergerüste Bewunderung verdient. Es enthält dieses Stück eine Sammlung von den fürtrefflichsten Gegenständen der Kunst. Seine Zeichnung giebt uns in einigen Proportionen von dem Bau des menschlichen Körpers jenen allgemeinen Begriff, in welchem die Schönheit des Antiken besteht; man findet zum Theile Raphaels Ausdruck zugleich mit den Massen

und

und Corregios Leichtigkeit im Hellbunklen: Alles dieses jedoch ist nicht gänzlich ausgeführt, sondern nur angezeigt. Gleichfalls verdient ein Streit auf Schiffen, ein Opfer, und noch andere Malereyen dieses Künstlers bemerkt zu werden.

Es giebt eine Menge Malereyen aus verschiedenen Schulen, welche den Grad der Fürtrefflichkeit, auf den sich die angeführten Stücke erschwungen, noch lange nicht erreicht haben. Mitten unter diesen findet man auch einige von Poussin, aus welchen ein Bachusstück mit Figuren, die nicht ganz einen Schuh hoch sind, vorzüglich schön ist. Zeichnung und Kolorit ist überaus gut: Einige Weiber, und verschiedene Kinder voll Grazie sind mit Tanzen beschäftiget. Von einer besondern Schönheit ist die Landschaft, welche den Grund des Stückes ausmacht. Anfänglich war dieses Gemälde zur Decke über ein Klavier bestimmt; darauf aber ward es entweder von unserm Poussin selbst, oder von Kaspar Poussin, seinem Anverwandten, vergrößert.

Es wäre zu wünschen, daß mehrere junge Maler Lust hätten, die schönsten Muster der Kunst, die ich bisher beschrieben habe, mit größtem Eifer zu studieren, und nicht nur durch Kopiren, sondern auch durch Nachahmen zu benützen. Es ist zwischen beyden Arten ein großer Unterschied; denn nicht alle, die kopiren, sind auch fähig, ähnliche Werke hervorzubringen, wenn sie nicht die Gründe, welche den Künstler des Urbildes so zu arbeiten bewogen haben, mit vieler Anstrengung überdenken, das einzige Mittel, aus dem Studium fremder Werke Nutzen zu schaffen.

In einem jeden Gemälde kommen zwey wesentliche Stücke vor: Das eine sind die Grundursachen aller Dinge, welche man gleichsam die rückgelassenen Fußstapfen vom Verstande des Künstlers nennen kann; das andere ist die Manier, oder so zu sagen, die Einkleidung des Werkes. Gemeiniglich pflegen die Kopirer, welche sich schmeicheln, nach

ben

den Werken großer Männer zu studieren, ihre vornehmste Sorge auf die Nachahmung der äußerlichen Gestalt, die ich Manier nenne, zu verwenden. Daher, wenn sie das Urbild nicht mehr vor sich haben, und selbst ein Werk, worinn verschiedene Umstände zusammen treffen, ausführen müssen, bleiben sie ohne Leitung sich selbst überlassen. Aber diejenigen, welche nach Werken berufener Künstler mit Ueberlegung, und wahrem Nachahmungseifer ernstlich studieren, wenn sie einmal sich fähig fühlen, etwas ähnliches hervorzubringen, untersuchen anfänglich die Gründe, von welchen gedachte Künstler geleitet wurden: und haben sie auf diese Art Gewißheit und Festigkeit erlanget, so können sie in ähnlichen Fällen eben dieselben Gründe und Manieren auf ihre eigenen Werke übertragen, ohne sich dadurch eines Plagiates schuldig zu machen.

Ich

Ich bin alſo der Meinung, junge Maler müſſen zwar mit aller Aufmerkſamkeit nach den Werken großer Männer ſtudieren; aber nicht in der Abſicht, ſie blindlings nachzuahmen, ſondern vielmehr zu unterſuchen, welche Theile aus der Natur ſich dieſe großen Männer zur Nachahmung gewählt haben: denn man muß überzeugt ſeyn, bey gedachten Künſtlern, ſo berühmt ſie auch immer wären, ſey nichts gut, als was mit der Natur vollkommen übereinſtimmt. Nachdem ſie aber eine gewiſſe Fertigkeit in Kopirung ſolcher Stücke erlangt haben, ſo weis ich ihnen nichts vortheilhafteres anzurathen, als daß ſie ihr Studium auf die Natur wenden, und aus ſelber die Theile herausnehmen, die eine Aehnlichkeit mit denjenigen haben, welche ſich die Künſtler, nach deren Werken ſie im Kopiren ſtudierten, vorzüglich ausgewählt hatten.

Auf

Auf diese Art können sie bey einer auch geringen natürlichen Anlage geschickte Künstler werden: und wenn sie sich gleich auf den hohen Grad derjenigen Männer, die sie sich zum Muster aufgestellt haben, nicht erschwingen, werden sie dennoch dadurch, daß sie die Natur nachahmen, Verdienstes genug haben, um von Seite der Kunst Hochachtung zu erlangen. Die Natur ist so fruchtbar, und so mannigfaltig in ihren Erzeugungsarten, daß sie jedem Manne, der Talente und Verstand hat, immer verhältnißmäßige Theile anbeut, wenn nur die Nachahmung nach den Gründen geschieht, die ich, so gut es mir möglich war, und so gut es meine geringe Uebung in schriftlichen Aufsätzen erlaubte, hier anzugeben bemühet war.

Dieser mein Aufsatz ist zuletzt weiter nichts, als ein Brief, den ich zwar in guter Absicht geschrieben habe, wozu mir aber Musse und Bequemlichkeit fehlte, demselben eine bessere Gestalt zu geben.

ben. Diese Ursache, vereiniget mit meiner geringen Fähigkeit zu gegenwärtigem Unternehmen, ist Schuld an der Unvollkommenheit meiner Schrift. Entschuldigen Sie mich hierüber beym Publikum, und helfen Sie mit einigen Erläuterungen der Dunkelheit ab, die sich in diesem Schreiben finden möchte: Hätte ich ihm größere Deutlichkeit geben wollen, so würde hieraus ein Lehrbuch entstanden seyn, eine Sache, die ich zu unternehmen nicht wagen will.

Anton Raphael Mengs.

Anmerkung.

Zu den Stücken, welche sich im Zimmer seiner katholischen Majestät S. befinden, gehört noch eine fürtreffliche kleine Statue von Michael Angelo Buonarotta, die den Erlöser, an eine Säule gebunden, vorstellt. Unter den Gemälden ist auch eine Empfängniß bis halben Leib in natürlicher Größe, und ein heiliger Anton von Padua, ganz klein, beyde von Hrn. Anton Mengs. Diese Malereyen sowohl, als die Statue werden auf Befehl des Königs jedesmal nach den königlichen Lustschlössern mitgenommen.

Gleichfalls ist in diesem Zimmer ein Ecce homo von Guido Reni.

Zwo andere Malereyen von Herrn Mengs begleiten immer den Prinzen von Asturien, und Infanten Don Ludwig nach Madrid, und nach den königlichen Lustschlössern. Das eine ist eine Him-

melfahrt der Mutter Gottes, das andere Joseph mit dem Kinde Jesu.

Im Zimmer des Prinzen von Asturien sind außer der heiligen Familie, von Murillo noch zwey andere Werke dieses Künstlers merkwürdig, nämlich eine Mutter Gottes, und der Heiland bis halben Leib.

ENDE.